QUADERNI CENNI

L'ESERCITO DEL REGNO DELLE DUE SICILIE 1815-1861

Acquarelli di Quinto Cenni dalla collezione di H. J. Vinkhuijzen

SOLDIERSHOP PUBLISHING

PUBLISHING'S NOTES

None of **unpublished** images or text of our book may be reproduced in any format without the expressed written permission of Soldiershop.com when not indicate as marked with license creative commons 3.0 or 4.0. Soldiershop Publishing has made every reasonable effort to locate, contact and acknowledge rights holders and to correctly apply terms and conditions to Content. In the event that any Content infringes your rights or the rights of any third parties, or Content is not properly identified or acknowledged we would like to hear from you so we may make any necessary alterations. In this event contact: info@soldiershop.com.

Our trademark: Soldiershop Publishing ©, The names of our series: Soldiers&Weapons, Battlefield, War in colour, PaperSoldiers, Soldiershop e-book etc. are herein © by Soldiershop.com.

NOTE ABOUT BOOK PRINTING BEFORE 1925

This book may contain text or images coming from a reproduction of a book published before 1925 (over seventy years ago). No effort has been made to modernize or standardize the spelling used in the original text, so this book may have occasional imperfections such as missing or blurred pages, poor pictures, errant marks, etc. that were either part of the original artifact, or were introduced by the scanning process. We believe this work is culturally important, and despite the imperfections, have elected to bring it back into print (digital and/or paper) as part of our continuing commitment to the preservation of printed works worldwide. We appreciate your understanding of the imperfections in the preservation process, and hope you enjoy this valuable book. Now this book is purpose re-built and is proof-read and re-type set from the original to provide an outstanding experience of reflowing text, also for an ebook reader. However Soldiershop publishing added, enriched, revised and overhauled the text, images, etc. of the cover and the book. Therefore, the job is now to all intents and purposes a derivative work, and the added, new and original parts of the book are the copyright of Soldiershop. On this second unpublished part of the book none of images or text may be reproduced in any format without the expressed written permission of Soldiershop. Almost many of the images of our books and prints are taken from original first edition prints or books that are no longer in copyright and are therefore public domain. We have been a specialized bookstore for a long time so we (and several friends antiquarian booksellers) have readily available a lot of ancient, historical and illustrated books not in copyright. Each of our prints, art designs or illustrations is either our own creation, or a fully digitally restoration by our computer artists, or non copyrighted images. All of our prints are "tagged" with a registered digital copyright. Soldiershop remains to disposition of the possible having right for all the doubtful sources images or not identifies.

LICENSES COMMONS

This book utilize may utilize material marked with license creative commons 3.0 or 4.0 (CC BY 4.0), (CC BY-ND 4.0), (CC BY-SA 4.0) or (CC0 1.0). We give appropriate attribution credit and indicate if change were made below in the acknowledgements field.

ACKNOWLEDGEMENTS

A Special Thanks to the New York Public Library for their kindly permission to use several images of his collections used in the book.

Title: L'ESERCITO DEL REGNO DELLE DUE SICILIE 1815-1861

By Luca Stefano Cristini. Tavole a colori di Quinto Cenni. First edition by Soldiershop.
Cover & Art Design: Luca S. Cristini. & Anna Cristini
ISBN code: 978-88-93271820 codice e collana Soldiershop Quaderni Cenni (QC008)

Published by Soldiershop publishing, via Padre Davide, 7 - 24050 Zanica (BG) ITALY. www.soldiershop.com

L'ESERCITO DEL REGNO DELLE DUE SICILIE 1815-1861

QUADERNI CENNI

Ferdinando I e la restaurazione

Con la Restaurazione debutta il "nuovo" Regno delle Due Sicilie, dall'unione formale dei due regni di Napoli e Sicilia: il re nasone Ferdinando IV di Napoli e III di Sicilia divenne quindi Ferdinando I delle Due Sicilie. Fu necessario uniformare le leggi ereditate dai due regni e riordinare quindi la struttura delle forze armate. Fu creato un "Supremo consiglio di guerra" composto da generali dei due eserciti; ma quelli dell'ex Regno di Napoli, per lo più murattiani, premevano per conservare le regole introdotte a Napoli durante il periodo napoleonico, fra cui la coscrizione, mentre quelli dell'ex Regno di Sicilia vi si opponevano. L'ordinamento finale, di impronta murattiana, stabilì infine la nascita di 52 battaglioni di fanteria, composti da 47.000 soldati, e 24 squadroni di cavalleria, composti da 4.800 cavalieri. Altri 5.000 uomini appartenevano all'artiglieria ed al genio, per un totale di circa 57.000 uomini.

La ribellione del 1820, scoppiata su spinta degli ufficiali di cavalleria Michele Morelli e Giuseppe Silvati, poi giustiziati, sancì l'incontro tra lo spirito settario e quello militare. La richiesta di una costituzione fu infatti esplicitamente appoggiata da gran parte dei vertici militari napoletani, specialmente quelli con un passato napoleonico, e fu infine accolta da Ferdinando I. Questo avvenimento causò la reazione della Santa Alleanza, che, tramite l'intervento di un'armata austriaca, decise di occupare militarmente Napoli per ristabilire l'assolutismo. L'esercito napoletano costituzionale, comandato da Guglielmo Pepe e sostenuto dall'abate Meneghini, fu sconfitto ad Antrodoco il 7 marzo 1821 dalle truppe austriache, costringendo infine Ferdinando I a revocare la costituzione. In seguito all'occupazione austriaca del Reame il Re congedò temporaneamente l'esercito, che si credeva largamente contaminato da infiltrazioni carbonare, e soppresse la coscrizione obbligatoria.

Si pensò quindi di lasciare per qualche tempo i compiti della difesa del Reame al contingente di occupazione austriaco. Dopo una vacatio durata quasi due anni si riorganizzò la struttura nazionale dell'armata solo nel 1823, tuttavia alle unità napoletane furono assegnati, in un primo tempo, unicamente compiti di polizia.

Francesco I

Alla morte di Ferdinando I (4 gennaio 1825), suo figlio Francesco Borbone decise di rinunciare alla protezione dell'Austria che stazionavano ormai indisturbate dai tempi dei moti costituzionali del 1821, e che ancora gravavano a spese del governo di Napoli. Le truppe austriache tuttavia non scomparvero nell'immediato ma solo nell'aprile 1826 dalla Sicilia e da Napoli solamente febbraio 1827.

Per compensare alle garanzie offerte dalle truppe austriache licenziate, il sovrano decise di costituire quattro reggimenti di soldati svizzeri professionisti, con l'obiettivo di formare un solido nucleo di truppe del tutto estranee alle vicende politiche del Reame. Raggiunsero il Regno delle Due Sicilie circa seimila soldati svizzeri: nel 1825 furono infatti sottoscritti contratti di durata trentennale con i vari cantoni elvetici per il loro reclutamento. Questo nostro secondo volume sulle uniformi napoletane post napoleoniche mostrano diversi soggetti di questi reparti. Per quanto riguarda le truppe nazionali invece nel 1827 si ritornò all'organizzazione precedente al 1821 e

◀ Ritratto di Ferdinando II delle due Sicilie. Opera di Giuseppe Martorelli

nuovamente alla coscrizione obbligatoria. La novità più rilevante fu rappresentata dall'espulsione dall'esercito di tutti quei militari che avevano preso parte ai moti costituzionali, dei quadri murattiani e dei sospetti carbonari, mettendo fine una volta per tutte, e a distanza di anno al nefasto (per i Borboni) influsso napoleonico.

Ferdinando II

Il regno di Francesco I duro solo 5 anni, suo figlio Ferdinando II, noto anche con il nomignolo di *re Bomba*, ascese al trono appena ventenne, l'8 novembre 1830. Nonostante la giovane età, il nuovo sovrano era dotato di buone competenze militari essendo stato introdotto alla vita militare sin dall'età di 15 anni, sviluppando un interesse verso l'organizzazione delle forze armate. Fin dalla sua nomina a capitano generale dell'esercito, avvenuta nel 1827, compì una costante azione riformatrice: l'esercito delle Due Sicilie infatti fu oggetto di cure assidue da parte del sovrano. Appena salito sul trono Ferdinando, oculatamente, provvide a reintegrare nelle loro funzioni gli ufficiali murattiani radiati dal padre Francesco I.
Questa scelta fu dettata dalla volontà di giovarsi dell'esperienza delle guerre napoleoniche in possesso di quegli ufficiali: le loro capacità tecniche erano giudicate dal re fondamentali per la creazione di un valido sostegno alla monarchia. Tra questi ufficiali spiccava la figura del principe Carlo Filangieri, che nel 1833 fu nominato Ispettore dei Corpi Facoltativi (Artiglieria, Genio, Scuole), considerati al tempo la punta di diamante delle forze armate borboniche.
Negli anni trenta e quaranta furono stabiliti nuovi organici e nuovi ordinamenti. Nel periodo 1831-34 fu approvata una nuova legge sul reclutamento: questa e altre riforme, ispirate al modello francese dell'Esercito di Caserma (o permanente), stabilivano che i corpi del Real Esercito dovessero essere formati soprattutto attraverso il reclutamento o il prolungamento del servizio di leva, in modo da avere una forza armata il più possibile professionale. In meno di un decennio le riforme ferdinandee modellarono un esercito essenzialmente formato da professionisti, con un consistente nucleo di soldati a lunga ferma. L'apporto delle classi di leva era ridotto, andando ad incidere mediamente solo su un quarto degli organici totali (in tempo di pace), a tutto vantaggio dei livelli di inquadramento e di addestramento. Tutto ciò contribuì a fare in breve tempo del Real Esercito uno strumento adeguatamente efficiente e moderno, adatto alle esigenze nazionali e internazionali dell'epoca, completamente rinnovato moralmente e materialmente, dopo gli anni di crisi dominati dalla presenza austriaca.
L'alta incidenza di reparti scelti (specialmente Cacciatori e Granatieri) assicurava una certa capacità di adattamento alle realtà del terreno. La cura riservata ai corpi dell'Artiglieria, del Genio ed alle Scuole di formazione fornì alla forza armata un'elevata qualificazione culturale. La Cavalleria, forte dei numerosi allevamenti locali e delle tradizioni che ne facevano uno dei corpi migliori dell'esercito borbonico, vantava una diversificazione di specialità (dragoni, lancieri, ussari, cacciatori e carabinieri a cavallo) tale da assicurare mobilità ed adattabilità in tutti gli ambienti operativi.
L'esercito riformato da Ferdinando venne messo immediatamente alla prova sia sul fronte interno che all'estero durante il biennio 1848/49. Esso partecipò alla prima guerra di indipendenza italiana dando ottima prova di sé nelle battaglie di Curtatone e Montanara e di Goito, e mise in atto una decisiva operazione anfibia per riconquistare la Sicilia dopo i moti del '48.
Nel 1848 Ferdinando II, cavalcando il clima di grandi aperture politiche del periodo, decise di far parte della partita dei principi italiani in guerra contro l'impero austriaco. Il 29 maggio 1848, a Montanara, il 10° reggimento fanteria "Abruzzi" insieme al battaglione dei volontari napoletani, affiancati ai volontari toscani a loro volta diretti dal napoletano Leopoldo Pilla, poco meno di 6.000 uomini che ebbero contro circa 20.000 austriaci comandati dal maresciallo Radetzky. Nonostante la schiacciante inferiorità numerica, le truppe napoletane si batterono con grande slancio, attaccando più volte alla baionetta le postazioni di artiglieria austriache per tenere la posizione. Nella battaglia di Curtatone e Montanara caddero 183 tra soldati e volontari napoletani. La bravura dimostrata dalle truppe borboniche in questa occasione fu premiata dallo stesso Carlo Alberto di Savoia con il conferimento ai napoletani di numerose onorificenze sabaude.
Il successivo 30 maggio a Goito i reparti del 10° Reggimento fanteria "Abruzzi" si resero nuovamente protagonisti, in quanto gli venne ordinato di tenere la posizione ad ogni costo per arginare l'avanzata austriaca.
I Napoletani resistettero all'urto di Radetzky e tennero la posizione con grandi sacrifici, favorendo in maniera determinante la vittoria finale sarda. Anche in questa occasione molti ufficiali napoletani furono decorati con

▲ Ritratto di Ferdinando II delle due Sicilie. Opera di Giuseppe Martorelli. Reggia di Caserta.

le massime onorificenze sabaude per mano dello stesso generale Bava, comandante piemontese del settore.

In seguito alla rivoluzione indipendentista siciliana del 1848, Ferdinando decise di mandare un corpo di spedizione anfibio in Sicilia per reprimere i moti popolari.

Il 6 settembre 1848, dopo un lungo bombardamento (da cui nacque il famoso epiteto di re bomba), sbarcò nei pressi di Messina il Reggimento "Real Marina" (truppe anfibie) che, in seguito a duri combattimenti, creò una testa di ponte che rese possibile lo sbarco degli altri contingenti terrestri.

Le truppe del Real Esercito, comandate dal generale Carlo Filangieri, riconquistarono in poco tempo l'intera isola, riportandola sotto il dominio borbonico.

Quest'operazione bellica fu all'epoca elogiata da molti osservatori esteri per l'uso efficace delle truppe da sbarco. Tuttavia l'esperienza della partecipazione alla prima guerra di indipendenza ed alla repressione dei moti siciliani aveva innescato alcuni delicati meccanismi.

Le truppe avevano in generale dato prova di fedeltà alla corona, di efficacia professionale e di reattività.

Ma quando l'ordine di rientro a Napoli raggiunse il Corpo di spedizione borbonico in Italia settentrionale comandato da Guglielmo Pepe (maggio 1848), imponendogli di abbandonare le operazioni contro gli austriaci, una parte dei suoi soldati si ribellò per l'umiliazione di dover rientrare (tragicamente simbolica la vicenda del colonnello Carlo Lahalle, che si suicidò dinanzi alla propria brigata). Molti celebri ufficiali napoletani (tra cui lo stesso Guglielmo Pepe, Enrico Cosenz, Cesare Rosaroll, Girolamo Calà Ulloa, Carlo Mezzacapo e Alessandro Poerio) continuarono la campagna partecipando alla difesa di Venezia fra cui le operazioni della bandiera Moro. Molti furono combattuti tra il sentimento di fedeltà al sovrano e quello verso la causa nazionale. La discriminante politica, sopita nel primo ventennio di regno ferdinandeo, riemergeva ora prepotente, iniziando lentamente ad incrinare la compattezza della forza armata.

Dopo il 1848 e fino alla morte di Ferdinando II il Reame visse un decennio di "immobilismo" che influì in maniera decisiva sui successivi avvenimenti. Il Real Esercito, che nel 1849 aveva permesso al sovrano di restaurare l'assolutismo senza aiuti esterni, continuò ad essere oggetto di notevoli attenzioni, ma la riaffermazione e l'inasprimento dell'assolutismo borbonico si ripercosse sull'esercito con un crescente controllo politico del sovrano sulla forza armata. Questo generò l'esodo di un'intera generazione di giovani ufficiali, i quali, in seguito alla svolta reazionaria di Ferdinando II, abbracciarono gli ideali liberali e della causa italiana.

La conseguenza più grave sull'efficacia delle forze armate in quegli anni fu quindi la completa assenza di un valido ricambio generazionale che sostituisse la oramai vecchia classe dirigente murattiana, che perciò nei critici momenti del 1860 si trovava ancora salda al comando del Real Esercito (l'età media dei generali era spesso superiore ai 70 anni). Tutto ciò produsse come conseguenza pratica un grande scadimento dei vertici militari borbonici durante le operazioni del 1860, cosa che di fatto stette alle origini del fallimento delle operazioni militari contro i garibaldini prima e i sardi poi.

Francesco II

L'ultimo sovrano delle Due Sicilie, a differenza del padre, era totalmente privo di competenze militari. Nel primo periodo del suo regno si ebbe persino una rivolta dei Reggimenti svizzeri (7 luglio 1859), causata da avvenimenti tuttora controversi e poco chiari ma che provocarono gran parte dell'esodo e ritorno in patria di questi soldati.

Con i militari rimanenti furono formati dei battaglioni "esteri" in cui si arruolarono, oltre agli svizzeri, molti volontari tirolesi e bavaresi (grazie alla moglie di Francesco II, appunto bavarese).

Anche senza l'apporto di questi reggimenti disciplinati e agguerriti, l'esercito delle Due Sicilie rimaneva comunque sempre molto numeroso e ben armato. Alla prova dei fatti però i quadri dirigenti di questo esercito si rivelarono però incapaci di reggere l'urto anche di un'armata raccogliticcia, meno numerosa, male armata e apparentemente disorganizzata come quella garibaldina. A seconda dello schieramento politico, gli storici dell'epoca hanno attribuito il tracollo delle Due Sicilie al valore di Garibaldi o al tradimento di molti generali borbonici ed anche all'aiuto degli isolani, popolo e nobiltà.

La debolezza strutturale del Real Esercito fu tuttavia evidente fin dall'inizio e deve essere attribuita a un complesso di fattori, tra i quali l'isolamento diplomatico, il critico quadro politico italiano e napoletano e, soprattutto, il rifiuto di alti ufficiali, spesso troppo anziani, a sfruttare la netta superiorità di uomini e risorse per motivi squisitamente politici. Molti quadri dirigenti nei ministeri borbonici infatti si erano convinti che la guerra sarebbe stata interrotta dall'azione diplomatica delle potenze estere, contro quella che si giudicava allora un'invasione illegittima. Tuttavia l'isolamento politico in cui Ferdinando II aveva relegato il Regno dopo il 1848 rese impossibile questo avvenimento. Un esempio lampante di questo tipo di comportamento da parte dei quadri superiori borbonici si ebbe nella battaglia di Calatafimi, la prima della spedizione dei Mille, in cui l'8° Battaglione cacciatori, superiore per addestramento e mezzi ai garibaldini, ricevette dal gen. Landi l'inaspettato ordine di ritirarsi proprio nel momento in cui i Mille sembravano rassegnati alla sconfitta.

Oppure si ricordi l'ordine del generale Lanza a Palermo di far cessare le ostilità alla colonna "Von Mechel" che, giunta nella capitale siciliana dopo un estenuante inseguimento a Garibaldi nell'interno dell'isola, era sul punto di sbaragliare con relativa facilità tutte le difese rivoluzionarie. La battaglia di Milazzo (20 luglio 1860) ed il completo abbandono della Calabria in mano garibaldina (dove ci furono molti inquietanti episodi di tradimento da parte di ufficiali superiori) fecero emergere chiaramente l'impressione che il governo napoletano fosse alla disperata ricerca di una soluzione diplomatica al conflitto.

Non mancarono tuttavia molti episodi di reazione vigorosa (per esempio la tardiva resistenza a Gaeta, a Messina e a Civitella del Tronto, nonché la battaglia del Volturno, la più grande nel corso dell'impresa dei Mille) in cui, pur nella sconfitta, tutti i quadri dell'esercito diedero, troppo tardi "un notevole esempio di valor militare e di fedeltà morale e politica". Francesco II ed i generali rimasti fedeli alla corona, capendo che il Regno era ormai diplomaticamente isolato e lasciato al suo destino dalla comunità internazionale, decisero di risparmiare alla ben fortificata città di Napoli le conseguenze di un eventuale assedio e quindi organizzarono un ultimo grande tentativo di resistenza lungo il corso del fiume Volturno e nelle piazzeforti della pianura campana. Essi ritenevano infatti che la parte settentrionale del Reame sarebbe stata molto più facile da difendere e avrebbe rappresentato un ottimo punto per la controffensiva e la successiva riconquista del regno.

I primi combattimenti tra l'esercito borbonico ed i garibaldini sulla linea del Volturno si ebbero nei dintorni di Caiazzo. Qui il generale Colonna di Stigliano riportò una brillante vittoria sulle camicie rosse dell'ungherese Stefano Turr, facendo tra le file avversarie molti prigionieri e catturandone le bandiere.

Il 1° ottobre 1860 le truppe borboniche della piazzaforte di Capua presero l'offensiva e costrinsero Garibaldi ad abbandonare l'iniziativa. La reazione borbonica e la superiorità tattica e tecnica del Real Esercito misero così in seria crisi tutto lo schieramento garibaldino, che parve sul punto di collassare, fino all'inaspettato e definitivo arrivo delle truppe dell'esercito sabaudo a dargli manforte. Capua, con l'arrivo dei piemontesi, venne sottoposta ad un lungo bombardamento con i nuovi pezzi rigati a lunga gittata in dotazione all'artiglieria sarda, provocandone la resa dopo una tenace resistenza.

Allo stesso tempo si combatteva sul Volturno la battaglia decisiva: la vittoria avrebbe rappresentato per i borbonici una reale possibilità di riconquistare il regno.

▲ Palazzo reale a Napoli. Antica stampa ottocentesca.

La battaglia del Volturno fu l'unica e vera battaglia campale della guerra, dura e cruenta per entrambi gli schieramenti. I borbonici, liberi finalmente di poter manovrare in campo aperto, benché molto indeboliti dagli avvenimenti precedenti, la condussero in maniera offensiva, comportandosi valorosamente e riuscendo in molti punti ad aprire pericolose falle nello schieramento garibaldino. Tuttavia lo Stato Maggiore del Real Esercito non sfruttò la situazione favorevole, ed evitò di concentrare la forza d'urto dell'offensiva in un solo punto decisivo.
Al contrario si optò per una numerosa serie di attacchi diffusi sul vasto scacchiere, smorzando così l'impeto offensivo delle truppe e vanificando le vittorie riportate in molti punti dello schieramento avversario.
A ciò si aggiunse l'inaspettato abbandono del litorale campano da parte della flotta francese, che così facendo lasciò il fianco scoperto alle truppe borboniche (nonostante le promesse di aiuto fatte a Francesco II da Napoleone III). Approfittando delle circostanze favorevoli, la flotta sarda si posizionò ben presto lungo la costa campana, cominciando a bombardare assiduamente il fianco dello schieramento borbonico posizionato lungo il litorale.
In queste sfortunate e sfavorevoli condizioni il Real Esercito fu costretto a ritirarsi, tentando un'ultima disperata resistenza più a nord sulla linea del Garigliano. Anche in questa occasione i cacciatori diedero un'ottima prova delle proprie capacità militari, riuscendo a bloccare con un manipolo di uomini l'avanzata di tutto lo schieramento avversario fino all'estremo sacrificio, causato dai citati bombardamenti dall'artiglieria navale della flotta sarda.
La resistenza sul Garigliano consentì al governo ed alla famiglia reale napoletana di rifugiarsi nella fortezza di Gaeta, assieme ai superstiti reparti militari borbonici (circa 13.000 soldati delle varie armi).
Nella Gaeta assediata si consumò la fine dell'epopea della resistenza di Francesco II: 4 mesi di bombardamenti incessanti con pezzi rigati a lunga gittata, senza rifornimenti e senza viveri, con periodiche puntate offensive fuori dalle mura della cittadella. Tutto ciò tuttavia non fiaccò la resistenza degli ultimi soldati delle Due Sicilie, animati solamente dalla volontà di non arrendersi in una guerra ormai persa.
Alla fine dell'assedio, avvenuta il 13 febbraio 1861, si contarono tra i difensori più di 1.500 fra morti e dispersi (oltre che 800 feriti fuori dalle mura). Tra le truppe sabaude si contarono invece 50 morti e 350 feriti. Francesco II e Maria Sofia di Baviera si rifugiarono quindi a Roma ospiti del Papa assieme ai rimanenti ministri borbonici,

da dove condussero alcune fasi della resistenza armata nelle Due Sicilie dopo l'unità d'Italia.

Gli ultimi nuclei della resistenza borbonica furono le fortezze di Messina e di Civitella del Tronto.

La piazzaforte di Messina, comandata dal generale Fergola e presidiata da 3 reggimenti di fanteria e da uno di artiglieria, si arrese dopo eroica resistenza il 12 marzo 1861.

Nella fortezza di Civitella del Tronto, al contrario, la difesa era affidata solo a reparti territoriali e di Gendarmeria per un totale di circa 500 uomini, coadiuvati dalla popolazione locale.

Pur essendo una delle fortezze più grandi d'Europa, memore di numerosi assedi, l'importanza strategica di Civitella del Tronto era nel 1861 ormai quasi del tutto nulla, in quanto le maggiori vie di comunicazione erano situate da tempo lungo la fascia costiera abruzzese, lontano dalla cittadella, che per questo motivo era all'epoca in fase di restauro.

Tuttavia qui la resistenza fu più tenace, e la bandiera borbonica di Civitella fu l'ultima ad essere ammainata. Il comandante della fortezza, il capitano di Gendarmeria Giuseppe Giovine, si ritrovò

▲ Ritratto di Francesco II delle due Sicilie.

con poche centinaia di uomini e poche bocche da fuoco antiquate, senza alcuna prospettiva di vittoria, a dover fronteggiare i pezzi rigati sardi ed i reggimenti del generale Pinelli, il quale attuò nei confronti dei resistenti una lotta senza quartiere, reprimendo duramente e sommariamente ogni tentativo di resistenza.

Le ultime truppe borboniche tuttavia tentarono più volte l'offensiva con sortite al di fuori delle mura, ma la fame, le malattie e la scarsità di armi e munizioni dovute al lungo assedio alla fine ne decretarono la resa.

Civitella si arrese solo il 20 marzo 1861, dopo 6 mesi di assedio, giorno nel quale inoltre vennero fucilati per "brigantaggio" alcuni ufficiali e sottufficiali della fortezza.

In questo modo ebbe termine la storia militare delle Due Sicilie, i cui soldati, solo tardivamente si rivelarono sempre più combattivi e fedeli dei propri quadri dirigenti. Francesco II il 15 febbraio 1861 si congedò dal suo Esercito rivolgendo ai suoi soldati le seguenti parole:

" ...*Grazie a voi è salvo l'onore dell'Esercito delle Due Sicilie. Quando ritorneranno i miei cari soldati al seno delle loro famiglie, gli uomini d'onore chineranno la testa al loro passare...* "

Al momento della resa di Gaeta il Real Esercito aveva subito perdite pari a circa 23.000 uomini tra morti, dispersi e feriti.

L'ESERCITO DEL REGNO DELLE DUE SICILE nel 1830

" Il soldato napolitano è vivace, intelligente, ardito, ed in uno assai immaginoso; e però facile ad esaltarsi e correre alle imprese più arrischiate, ma pur facile a scorarsi. Si sottomette agevolmente alla disciplina, allorché questa muova da un potere giusto, forte e costante. L'istruzione elementare delle diverse armi è eccellente: esse manovrano con esattezza e speditamente, sì separate che unite;"

(Carlo Mezzacapo, Rivista Militare, anno primo - volume primo, Torino 1856)

CASA REALE
- Compagnia delle Reali Guardie del Corpo
- Real Compagnia degli Alabardieri di Napoli
- Real Compagnia degli Alabardieri di Sicilia

GUARDIA REALE
- 2 Reggimenti di Granatieri della Guardia Reale
- 2 Reggimenti di Cavalleggeri della Guardia Reale
- Reggimento Cacciatori della Guardia Reale
- Mezza Brigata di Artiglieria a Cavallo
- Divisione del Treno della Guardia Reale

GENDARMERIA REALE
- 8 Battaglioni di Gendarmeria a Piedi ed 8 Squadroni di Gendarmeria a Cavallo

TRUPPE DI LINEA

FANTERIA DI LINEA NAZIONALE
- 1° Reggimento Re
- 2° Reggimento Regina
- 3° Reggimento Principe
- 4° Reggimento Principessa
- 5° Reggimento Real Borbone
- 6° Reggimento Real Farnese
- 7° Reggimento Real Napoli
- 8° Reggimento Real Palermo
- 9° Reggimento Siciliano
- 6 Battaglioni di Cacciatori

DIVISIONE SVIZZERA (ogni Reggimento era dotato anche di una sezione d'artiglieria)
- 1° Reggimento "de Schindler"
- 2° Reggimento "de Sury d'Aspermont"
- 3° Reggimento "de Stockalper de La Tour"
- **4° Reggimento "de Wyttembach"**

CAVALLERIA DI LINEA
- Reggimento Re
- Reggimento Regina
- Reggimento Lancieri Real Ferdinando

CORPI FACOLTATIVI
Guardia alla polveriera (1827)

CORPO REALE D'ARTIGLIERIA
- 2 Reggimenti d'Artiglieria a Piedi: "Re" e "Regina"
- Brigata Artefici Pompieri e Armieri
- Brigata Artiglieri Veterani
- Corpo Politico Militare di Artiglieria
- Battaglione del Treno di Linea

CORPO REALE DEL GENIO
- Reale Officio Topografico
- Battaglione Zappatori e Minatori
- Battaglione Pionieri

ISTITUTI DI EDUCAZIONE MILITARE
- Real Collegio Militare
- Scuola Militare

TRUPPE SEDENTARIE
- Real Casa degli Invalidi
- Reggimento Reali Veterani
- Comandi Territoriali
- Compagnie di Dotazione dei Forti

▲ Tamburino e zappattore della Guardia reale.

DÉCLARATION

Ayant reçu par M. le Docteur Cav. H.J. Vinkhuizen, médecin très distingué de La Haye, le charge bien agréable de représenter par des desseins colorés les différentes et nombreuse types des uniformes militaires du Royaume des Deux Siciles dès 1815 à 1860, je me suis mis tout de suite et avec ardeur a cette oeuvre, mais j'ai du me convaincre que, à cause de l'incendie de l'Archive militaire de Pizzofalcone (Naples) 1876,[1] manquaient les principaux éléments par un oeuvre semblable, c'est-a-dire les descriptions officielles des uniformes des différentes corps. En conséquence de cette désagréable découverte, j'ai du exécuter mon travail uniquement sur les bases suivantes:

1°. Environ 200 documents officiels pris de l'Archive de l'Etat à Naples.[2]
2.me Nambreux, mais pas tojours sûrs, types cotorès des différentes époques, les uns dejà en ma possession, les autres fournis par M. Vinkhuizen même. Avec l'aide des ces deux éléments, dont le premier est exact mais manquant et le second nombreux mais pas tojours exact, j'ai pu former cette oeure, m'aidant encore, pour sa régulière liaison, avec mon exacte cognition des habitudes militaires espagnoles, anglaises et françaises des différentes époques dès 1815 a 1860 auxquelles habitudes se conformait l'Armée Napolitaine, les modifiant du point de vue national.

Je ne sais si j'assure le vrai sur les uniformes de cette armée, mais je crois fermement que bien peu que ca puirra-t-on dir sur la même.

Quinto Cenni
peintre

Italie - Milan. Corso Porta Nuova 9
15-5-907

(1) Et plus particulièrement le 4.me département de l'Archive « che, fra altro, trattava gl'affari del vestiario militare ». (Lettre de M. B. Ratti, directeur de l'Archive d'Etat de Naples du 12 september 1906)
(2) Tojours en augmentation.

QUINTO CENNI
Un soldato che non fece mai il soldato…

Il nostro più grande e prolifico artista militare, Quinto Cenni nacque a Imola, all'epoca sotto il Regno Pontificio, il giorno di Pasqua 20 marzo del 1845 dall'avvocato (o dottore causidico nel volgo emiliano) Antonio e da Maria Sargiorgi, in una famiglia di solide tradizioni cattoliche, patriottiche, ma anche liberali (un cugino, il capitano Guglielmo Cenni, fu infatti un valoroso volontario garibaldino).
Quinto di nome e di fatto, era infatti il quinto dei dieci figli, i più morti prematuramente, che la famiglia Cenni ebbe. Trascorse i primi anni e compì i primi studi nella cittadina romagnola. Ancora ragazzino sviluppò una passione innata per il disegno ritraendo da subito quello che saranno i suoi soggetti per antonomasia, i soldati!
E in quegli anni ritrae principalmente quelli che gli passano sotto gli occhi; militari austriaci e pontifici che attraversano le polverose strade del paese. Alla prematura morte del padre, avvenuta nel 1856, la numerosa prole venne in parte dispersa, e in un primo tempo pare si chiudano per Quinto le possibilità di intraprendere gli studi di disegno, finche si trasferì con un fratello e una sorella a Bologna. Ed è qui, dopo varie tribolazioni, che il nostro consolida la sua vena artistica presto indirizzata negli ideali studi di pittura resi possibili da un generoso sussidio concessogli dalla amministrazione della sua città natia.
Nel 1864 perde anche la madre. Nel 1867 consegue finalmente il meritato diploma e lo stesso anno Cenni si trasferì a Milano che diverrà sua città d'adozione. Sempre del 1867 è il suo primo lavoro noto, oggi purtroppo scomparso, intitolato: "la tumulazione del generale inglese Moore, dopo la battaglia della Coruna in Ispagna".
Nella capitale lombarda egli si perfeziona nella tecnica dell'incisione, iscrivendosi ai corsi di xilografia e litografia dell'Accademia di Brera dove nel 1870 fu premiato per la litografia. Sono di questi anni gli esordi di quella poliedrica e monumentale attività dell'artista nel campo dell'illustrazione grafica. Dapprima collaboratore del periodico Emporio pittoresco, di cui fu il primo illustratore di soggetti a carattere storico-militare, disegnò poi per varie altre riviste come La Cultura moderna, La Lettura Epoca, L'Illustrazione italiana, La Rivista illustrata, Lo Spirito-folletto ed Emporium.
Oltre a lavorare per le riviste si dedicò anche all'illustrazione di libri, come *Niccolò de' Lapi* di Massimo d'Azeglio. La strada è ormai tracciata, Cenni prosegue infaticabile nei suoi progetti artistici ed editoriali, Nel 1870 pubblica il corposo *Custoza 1848-1866* e il numero unico *I Bersaglieri*, dedicato al famoso corpo di fanteria nel cinquantenario della sua costituzione. Negli stessi anni videro la luce anche gli album *L'esercito italiano, Eserciti europei* e *Gli eserciti d'oltre mare* editi tutti da Vallardi. Libri oggi molto ricercati da collezionisti di tutto il mondo. Questi primi vennero seguiti da *I Granatieri* (1887), *Nizza cavalleria, I Carabinieri Reali* (1894), *Cavalleggeri Saluzzo, Lancieri di Firenze* (1898 e 1900), *Avanti l'artiglieria* e *Il Genio militare*.
Quasi sempre editi da Vallardi, ma compaiono anche i primi tentativi di editare direttamente col nome Cenni! In questa nuova veste anche di editore, Quinto Cenni rompe gli indugi e nel 1887 fondò a spese sue *L'Illustrazione militare italiana*, illustrata con tavole e disegni militari. Impresa questa che durò per oltre un decennio terminando appunto nel 1897.
L'Illustrazione militare italiana valse al Cenni numerosi riconoscimenti, incarichi e una certa notorietà anche fuori dai confini nazionali. L'opera, la più importante realizzata del Cenni rappresentò quanto di meglio si pubblicava allora in Italia in merito alle tradizioni, la storia e la composizione dell'Esercito Italiano. Cenni sperò che questa pubblicazione potesse essere fonte di quel guadagno che gli era venuto a mancare per i dissidi con l'editore Treves. Il periodico fondato da Cenni, come detto fu accolto con grande favore e diffuso in vari Paesi, dove ebbe abbonati, corrispondenti e collaboratori. Il governo portoghese gli conferì la prestigiosa onorificenza dell'Ordine militare di Cristo. La pubblicazione gli diede molte soddisfazioni, ma purtroppo non quelle economiche.

◄ Prima pagina del contratto sottoscritto fra il pittore Quinto Cenni e il collezionista olandese H. J. Vinkhuijzen

Ricchissima di notizie, anche relative a viaggi ed esplorazioni. Molti gli articoli di storia militare in particolare relativi a episodi risorgimentali. Fu sempre a seguito di questa opera che il ministero della Guerra italiano gli commissionò un album illustrato sulla campagna del 1859, che venne poi pubblicato a cura dell'Ufficio storico del Corpo di Stato Maggiore col titolo *Album della guerra del 1859*. A questo importante lavoro seguirono poi il numero unico *Aosta la veja*, *l'Atlante militare dedicato alle uniformi degli eserciti europei del tempo*, e *L'Esercito italiano nella nuova divisa* (uniformi del 1910). Tra il 1912 e il 1913 lavorò all'*Album della guerra italo-turca e della conquista della Libia* che fu il primo lavoro italiano di questo tipo pubblicato a dispense, poi riunito in unico fascicolo. Nonostante l'enorme amore e trasporto per le divise e le uniformi, oltre che per tutti gli aspetti della vita militare, Quinto Cenni, il romagnolo naturalizzato milanese, che dedicò tutta la sua vita all'illustrazione del costume militare non vestì mai l'uniforme, non fece mai il soldato. Fu però di fatto un accasermato, poiché non perdeva occasione per stare attorno o nei dintorni di qualsivoglia struttura militare. Sempre molto vicino ai soldati che ritraeva di continuo, passando interi pomeriggi all'interno delle caserme dove, vista la sua fama consolidata, aveva ormai libero accesso, sempre accolto con estrema simpatia.

Quinto Cenni morì in piena prima guerra mondiale il 13 agosto 1917, dopo aver vissuto praticamente tutte le fasi risorgimentali del nostro paese, nella sua casa di proprietà di Carnate in Brianza mentre instancabile stava lavorando alla sua ultima serie dedicata ai Ducato di Modena e Ducato di Parma per il dottor Gustavo De Ridder e per il medico olandese H. J. Vinkhuijzen.

L'opera di Cenni

La vastissima produzione artistica di Quinto Cenni è oggi custodita in parte dalle Istituzioni pubbliche e in parte da numerosi collezionisti privati sparsi per tutto il mondo. In Italia, presso il Museo Nazionale di Castel S. Angelo a Roma sono conservati 288 acquarelli. Questi sono in gran parte gli originali donati dagli eredi Cenni all'allora Presidente del Consiglio Mussolini. Il Museo del Risorgimento di Milano a sua volta conserva oltre un centinaio di acquarelli sui volontari del Risorgimento.
Anche la Pinacoteca civica di Imola conserva qualche campione del suo illustre concittadino.. Ma è soprattutto l'Ufficio Storico dello Stato Maggiore dell'Esercito a possedere la gran massa dei lavori del Cenni. Oltre all'archivio privato dell'artista, una raccolta di moltissimi documenti divisi in vari volumi, dove Quinto e il figlio Italo dopo di lui hanno raccolto appunti e disegni sulle uniformi, sulle armi e sugli eserciti di tutto il mondo e tutte le epoche. Denominato Codice Cenni esso è costituito dalla raccolta dei lavori del Cenni realizzati fra il 1867 e il 1917. Unica nel suo genere, questa preziosa e irripetibile collezione si compone di venticinque album. Sono migliaia di soggetti in più di duemilacinquecento fogli, "soldatini" bellissimi e coloratissimi.

Vere e proprie pere d'arte nelle quali la cura del particolare e la puntigliosa descrizione degli oggetti di corredo e delle varie parti delle uniformi vengono fissate e arricchite spesso da commenti in lapis dell'artista a piè di pagina. Questo enorme dossier contiene anche migliaia di lettere, fogli, cartoline, blocchi per appunti, pagine di quaderno ricoperti di una scrittura inconfondibile, stralci di regolamenti, repertori militari, prescrizioni, opuscoli e circolari; molti fogli riportano schizzi, disegni, bozze di lavori e altro prezioso materiale fondamentale per ogni studioso di uniformologia.

La collezione Vinkhuijzen

Recentemente, 50 acquerelli di Quinto Cenni sul Ducato di Parma al tempo di Maria Luigia, dei quali non si conosceva l'esistenza, sono comparsi in mostra al Museo di New York. Essi facevano parte della grandiosa collezione del già citato medico olandese H. J. Vinkhuijzen. Questi, un appassionato cultore di iconografia militare era un contemporaneo del Cenni, visse infatti fra il 1940 e il 1910.
Collezionista eccentrico, il Dr. H. J. Vinkhuijzen, iniziò

la sua carriera come medico dell'esercito olandese fino a diventare medico ufficiale di corte del principe Alessandro dei Paesi Bassi. La sua vasta collezione arrivò a contare oltre 32.000 soggetti. Moltissimi e pressoché sconosciuti quelli realizzati espressamente per la sua collezione da parte di Quinto Cenni. Dal 1911 la collezione è stata donata alla New York Public Library dal sig. Henry Draper erede del medico olandese. Ed è questa collezione a costituire la gran massa dei **Quaderni Cenni** che Soldiershop ha in corso di pubblicazione. Ogni immagine ha subito una rigorosa pulizia e ri-classificazione per fornire agli appassionati di storia militare e costume un opera complete e agevole, di notevole importanza per gli studiosi di uniformologia e non solo.

Cenni pittore ?

Quinto Cenni, pur avendone le possibilità non si dedicò praticamente mai al lavoro su tela, all'attività di pittore classico. Del Cenni infatti non esistono quadri famosi, preferendo egli dedicarsi di gran lunga al disegno, all'incisione e all'acquerello. Fra le poche opere note, la Galleria d'arte moderna di Milano conserva l'acquerello *Cannoniere al pezzo*. Nella Pinacoteca civica di Imola si può ammirare un suo Ritratto ma si tratta di un opera del figlio Italo. Sono noti alcuni quadri che l'artista romagnolo preparò per alcuni concorsi come quello a Milano del 1872 con il quadro *Il combattimento in Piazza Vendôme a Parigi tra Versagliesi e Comunardi* e nel 1881 all'Esposizione nazionale di Belle Arti con *La battaglia di San Martino*. Quinto Cenni fu sostanzialmente uno studioso entusiasta della complessa materia dell'uniformologia, materia che in Italia ha sempre avuto pochi cultori e specialisti,

▲ Frontespizio vergato a mano dallo stesso Cenni, relativo al materiale da lui raccolto per i soldati napoletani nel periodo successivo al Congresso di Vienna.
◄ Italo Cenni, Ritratto di Quinto Cenni nell'atto di scrivere, olio su tela (Musei Civici di Imola)

BIBLIOGRAFIA DI QUINTO CENNI

- Custoza 1848-1866, Album storico artistico militare, Milano, 1878
- L'Esercito italiano - Schizzi militari, Album, Milano, 1880
- I Bersaglieri, Numero unico, 18 giugno 1886, Milano, 1886
- I Granatieri, Numero unico, Milano, 1887
- La commemorazione del 1° decennio della morte di Re Vittorio Emanuele II, numero unico pubblicato da L'illustrazione militare italiana, Milano, 1888
- Aosta "la Veia", Numero unico, 1890
- Nizza cavalleria!, Numero unico, 1890
- Piemonte Reale cavalleria, Numero unico, 1892
- I Carabinieri reali, Numero unico, 1894
- L'Artiglieria italiana nelle guerre napoleoniche, Roma, Voghera, 1899
- Avanti l'Artiglieria!, Numero unico, 1904
- La Guerra Italo-Turca 1911-1913, Album illustrato
- La campagna del 1859, Album illustrato
- 1849: Assedio di Roma, Foglio m 1,05x0,69
- I Battaglioni della Speranza 1797-99, 1848-49, 1859-60, in Lettura, 1916

Diresse e illustrò L'Illustrazione Militare Italiana dal 1887 al 1897

Opere illustrate

- B. Lencisa, Pasquale Paoli e le guerre di indipendenza della Corsica, Milano, Vallardi, 1890
- P. Moderni, L'assedio di Roma nella guerra del 190.., Milano, La Poligrafica, s.a.
- Alessandro Manzoni, I Promessi Sposi
- Massimo D'Azeglio, Ettore Fieramosca
- Massimo D'Azeglio, Niccolò de' Lapi
- Francesco Domenico Guerrazzi, L'assedio di Firenze

TAVOLE UNIFORMOLOGICHE

Note alle tavole a colori

Tutti i figurini pubblicati su questo libro sono opera di Quinto Cenni e fanno parte della collezione privata raccolta alla fine dell'ottocento dal Dott. H. J. Vinkhuijzen ora di proprietà della New York Public Library cui va tutto il nostro ringraziamento per la gentile concessione. In appendice, sempre tratti dalla stessa collezione appaiono tavole dal libro di Ferdinando Mori e Francesco Progenie

Ogni tavola ha subito una radicale pulizia grafica da graffi, segni e usure del tempo. Tutte le indicazioni riportate, quando presenti, si rifanno agli originali testi inseriti dall'artista ai piedi, a lato delle tavole o sul retro delle stesse.

1815

Generale e capitano di stato maggiore in piccola tenuta con cappello e mantelle

1815

Il Re Ferdinando I e un maresciallo di campo aiutante in gran tenuta

1815

Generale e ufficiale di stato maggiore in piccola tenuta

1815

Generale e capitano di stato maggiore in piccola tenuta e mantella

1815-1825

Ufficiali della compagnia della Guardia del Corpo

1815

Stendardo della Guardia del Corpo

1815

Guardia del corpo, grado a luogotenente

1815

Guardie del corpo in tenuta invernale

1815

Guardia del corpo in tenuta ordinaria

Guardia del corpo a palazzo grado a capitano e alabardiere

1815

Piffero e tamburo degli alabardieri. Casa aiutante del Re, maggiore cacciatori a cavallo in gran tenuta da ballo

Capitano e sergente maggiore del corpo degli alabardieri reali

1815

Casa militare del re, corpo dei pionieri e dei cacciatori a cavallo

1815

Casa militare del re ufficiale in tenuta ordinaria

1815

Casa militare del re corpo dei pionieri e dei cacciatori a cavallo

1815

Casa militare del re trombe dei pionieri e sottufficiale dei cacciatori a cavallo

Casa militare del re corpo dei pionieri e dei cacciatori a cavallo

Casa militare del re corpo dei pionieri e dei cacciatori a cavallo in tenuta di marcia

1815

Casa militare del re corpo dei pionieri in tenuta d'inverno e caserma

1815

Casa militare del re corpo trabante o ufficiale dei pionieri in piccola tenuta

1815

Casa militare del re luogotenente del treno dei regi bagagli

1815

Casa militare del re tromba e sergente maggiore del treno dei regi bagagli

1815

Casa militare del re corpo del treno dei regi bagagli

1815

Casa militare del re corpo dei pionieri e dei cacciatori a cavallo in piccola tenuta

1815

Casa militare del re maggiore comandante dei pionieri e luogotenente del treno dei regi bagagli

1815

Casa militare del re luogotenente corpo dei pionieri in piccola tenuta invernale

1815

Casa militare del re corpo dei chirurghi reali

Marescialli di campo della Guardia del re in gran tenuta

Chirurgo del corpo degli alabardieri e ufficiale di guardia a Stato maggiore

Corpo dei dazi indiretti

1815

Tenente generale in gran tenuta

Maresciallo da campo e brigadiere in gran tenuta

Maresciallo da campo in piccola tenuta e comandante di piazza, colonnello in gran tenuta

1815

Ammiraglio e ufficiale di vascello in gran tenuta

1815

Maresciallo da campo in piccola tenuta a cavallo

Stato maggiore: maggiore e tenente colonnello

1815

Generale di brigata e capitano di stato maggiore in piccola tenuta

1817-1822

Guardia reale ufficiali superiori in alta uniforme con cappello

1817-1822

Ufficiale treno artiglieria della Guardia reale e aiutante ufficiale artiglieria a cavallo in alta uniforme

1818

Casa militare del re ufficiali in redingote

1818

Guardia reale comandante e capitano del reggimento granatieri in piccola tenuta

Guardia reale ufficiale portastendardo primo reggimenti granatieri

Guardia di stato maggiore

1819

Colonnello granatieri della Guardia reale e ufficiale superiore artiglieria a cavallo della Guardia

1819

Nuove tenute degli ufficiali della Guardia reale

1819

La Guardia reale brinda (pantaloni bianchi tenuta estiva)

1819

Soldati dell'artiglieria della guardia

Ufficiali artiglieri e treno della guardia in redingote

Guardia reale ufficiali portastendardo

1821

Veterinario reale della Guardia del corpo

1821

Casa militare del re, soldati e ufficiali coi nuovi pantaloni bianchi

1821

Casa militare del re: pioniere e cacciatore a cavallo con nuovo shako

Chirurgo reale della guardia del corpo e cadetto dei cavalleggeri della Guardia reale

1821

Casa militare del re, sergente maggiore del corpo del treno bagagli reali

1821

Soldati del Regio bagagli

1822

Guardia reale ufficiale portastendardo dei granatieri

1822

Stato maggiore della Guardia reale

1822

Cadetti di granatieri e cacciatori

1824

Capitano e cavalleggero della Guardia Reale

1825

S.A.R. Il re Ferdinando I°

1825

Bandiere del primo e secondo reggimento di fanteria svizzeri

Colonnello del 1° Reggimento fanteria svizzero

Aiutante del 2° Reggimento fanteria svizzero

Ufficiali del 2°, 3° E 4° Reggimenti svizzeri

Luogotenente 2° Reggimento svizzero in tenuta di gala

1825

Bandiere del terzo e quarto reggimento di fanteria svizzeri

1825

Ufficiali di reggimenti svizzeri

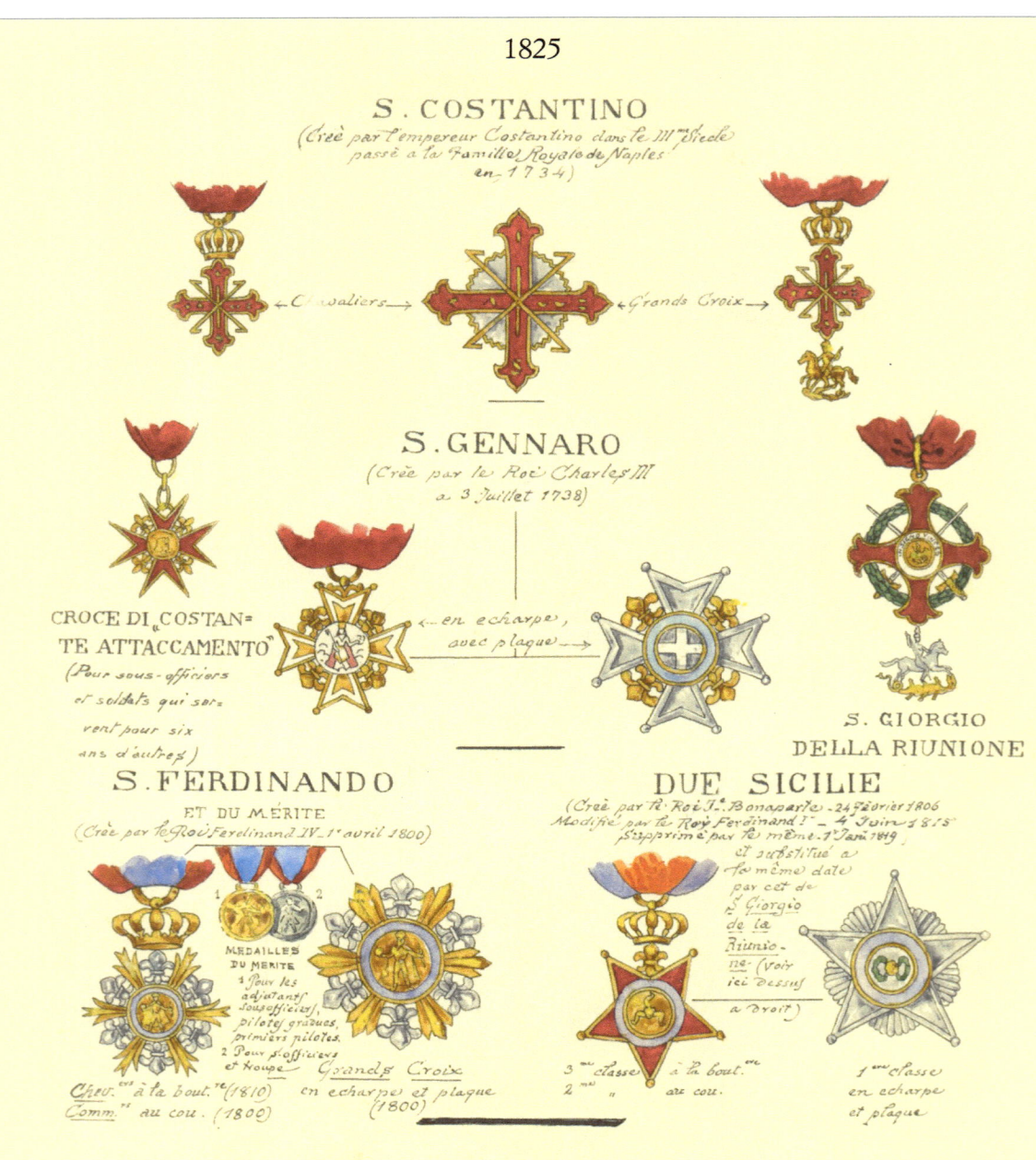

1826

Maresciallo d'artiglieria e soldato del Treno d'artiglieria della Guardia

Ussaro della Guardia e cacciatore a piedi

1826

Capitano di artiglieria a cavallo

1828

Comandante generale a cavallo in alta uniforme

1828

Sergente cacciatore della Guardia e generale in gran tenuta di gala

Ufficiali superiori in tenuta di gala

1828

Ufficiale e fantaccino in alta uniforme estiva

1828

Piccolo stato maggiore reggimento svizzero

1828

Ufficiali di fanteria svizzera in tenuta di marcia

Tamburo maggiore 3° Reggimento svizzero e chirurghi militari svizzeri in gran tenuta

Sottufficiali e cappellano reggimento svizzero

1828

Musicanti del 4° Reggimento svizzero in gran tenuta

1828

Sottufficiali in gran tenuta estiva

1828

Ausiliari svizzeri in piccola tenuta estiva

Ausiliari svizzeri in gran tenuta

1828

Tamburi, cornette e zappatori di reggimenti svizzeri in gran tenuta

1828

Musicante in piccola tenuta estiva e tamburo svizzero in tenuta invernale

1828

Truppa in piccola tenuta

Tamburi e cornette svizzeri nella nuova uniforme

Artiglieria reggimentale svizzera

1828-1836

Tamburo maggiore e musicanti reggimenti svizzeri

Generali d'armata in alta uniforme

Generale comandante a cavallo

Ufficiale e tamburino di fanteria della Guardia

Fantaccini in alta uniforme invernale

1830

Cavalleggeri in tenuta da caserma

1846

Fuciliere, granatiere e capitano dei volteggiatori di reggimento svizzero

1848

Batteria d'artiglieria svizzera

1848-1850

Granatiere, fuciliere e tenente dei volteggiatori di reggimento svizzero

1850

Guardie d'onore a cavallo

1850

Ufficiali superiori della Guardia in tenuta e con cappotto

1850-59

Generale in grande uniforme di gala

1850-1859

Tamburo maggiore, tamburino e soldato del 2° Reggimento svizzero

13° Battaglione cacciatori: capitano e furiere. A destra veterano 4° Reggimento svizzero gran tenuta

1850

Guardia civica di Palermo

1815-1828

Esercito napoletano dal 1815 al 1828

1820-1859

Esercito napoletano dal 1820 al 1859

INDICE:

Ferdinando I e la restaurazione - Francesco I	Pag. 5
Ferdinando II	Pag. 6
Francesco II	Pag. 8
L'esercito del regno delle due Sicilie nel 1830	Pag. 11
Quinto Cenni, un soldato che non fece mai il soldato…	Pag. 15
Bibliografia di Quinto Cenni	Pag. 17
Tavole Uniformologiche	Pag. 20

*

BIBLIOGRAFIA ESSENZIALE:

- *H. Acton,* I Borboni di Napoli, Milano 1960.
- *L. Conforti*, Il Regno di Napoli dal 1789 al 1799, Napoli 1887.
- *M. D'Ayala,* Napoli militare, Napoli 1847.
- *G.Boeri e Piero Crociani,* L'esercito borbonico dal 1789 al 1815, Roma S.M.1989
- *G.Boeri e Piero Crociani,* L'esercito borbonico dal 1815 al 1830, Roma S.M.1989
- *C.Miraglia* L'esercito dei volontari Siciliani, Palermo 1975
- *V.Ilari,* I soldati italiani di Lord Bentinck 1812-181, Bergamo Soldiershop 2015.
- *Luca Cristini,* L'esercito del Regno di Napoli 1806-1815 vol. 1 la fanteria, Soldiershop 2014
- *Quinto Cenni,* Il soldato italiano del Risorgimento, Rivista Militare 1987
- *V.Gibellini.* Gli eserciti italiani, De Agostini, Novara 1975
- *P.Crociani e M.Brandani.* La cavalleria di linea di Murat, Roma 1978.

QUADERNI CENNI

Prestigiosa serie di 20 volumi per veri collezionisti; basata sulle prestigiose immagini realizzate nell'arco di una vita dal più grande pittore militare e uniformologo Quinto Cenni. Questi quaderni spaziano a gran parte degli stati pre-unitari italiani e non solo. Libri realizzati nel formato 20,5 x 25,5 composti da 100/150 pagine a colori e le tavole a piena pagina ed un prologo a commento delle uniformi trattate e della vita di Quinto Cenni. La serie si completerà nel corso del 2016.

www.ingramcontent.com/pod-product-compliance
Lightning Source LLC
LaVergne TN
LVHW070445070526
838199LV00037B/696